AF447002

VOYAGE AUTOUR DU MONDE LIVRE DE COLORIAGE

Copyright © 2020 Katrin Stark
TOUS LES DROITS SONT RÉSERVÉS

Ce livre appartient à:

____

____

PAGE DE TEST DE COULEUR

Chichén Itzá
Yucatan, Mexico

Temple of Dawn
Wat Arun, Bangkok

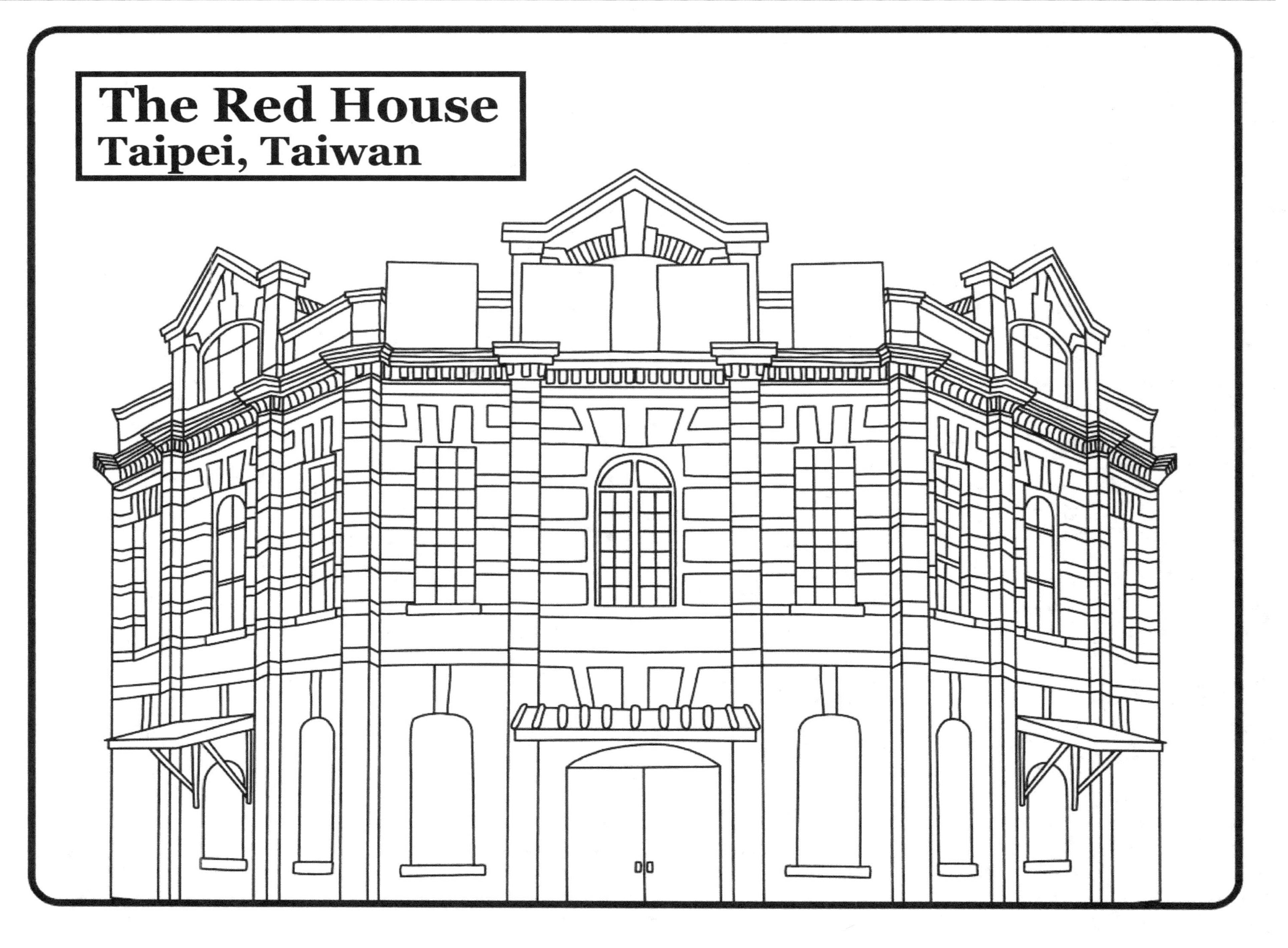

The Red House
Taipei, Taiwan

Thai Giant
Landmark of Thailand

Pha That Luang
Vientiane, Laos

Notre Dame de Paris
Paris, France

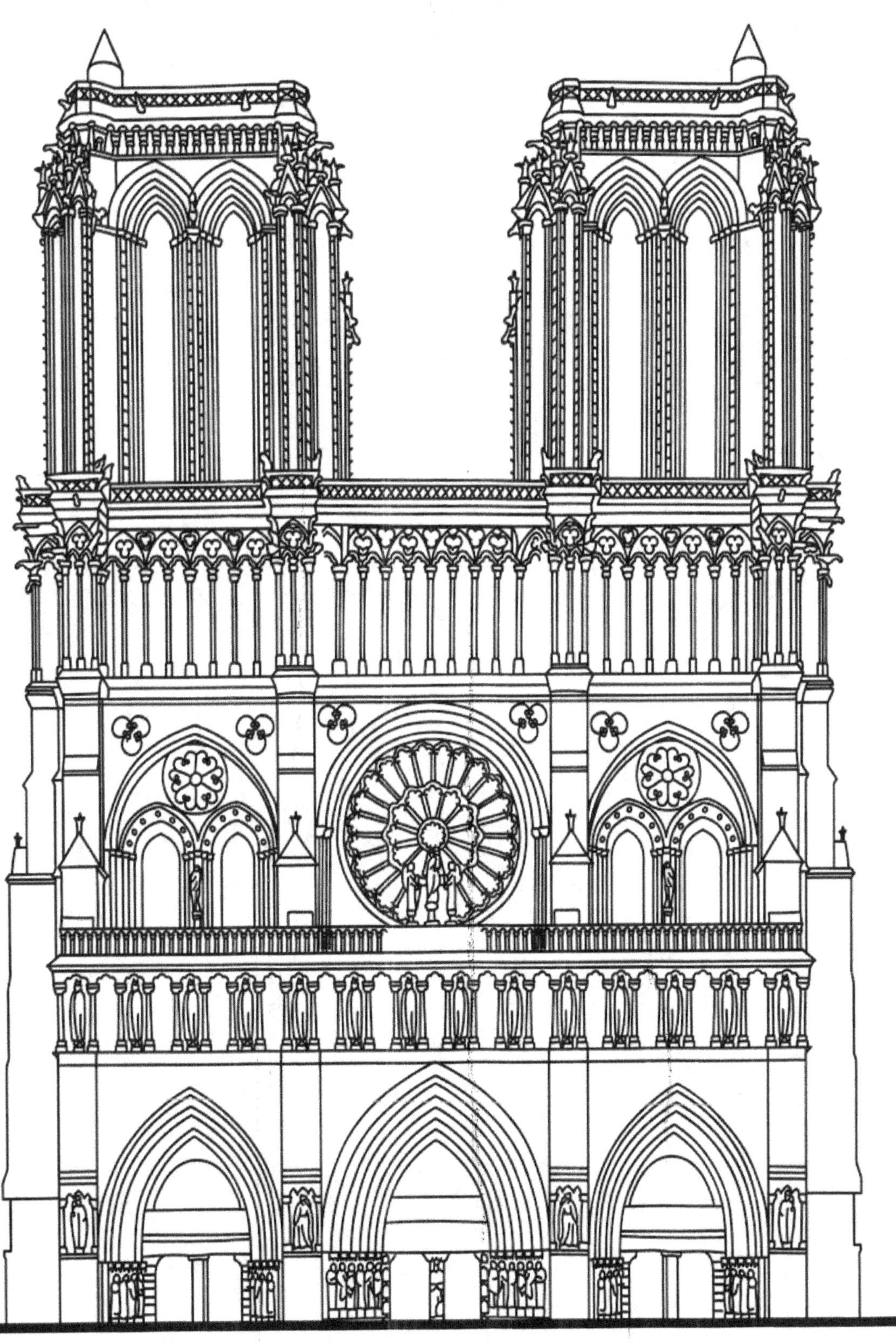

Temple of Literature
Vietnam

Thien mu Pagoda in Hue
Vietnam

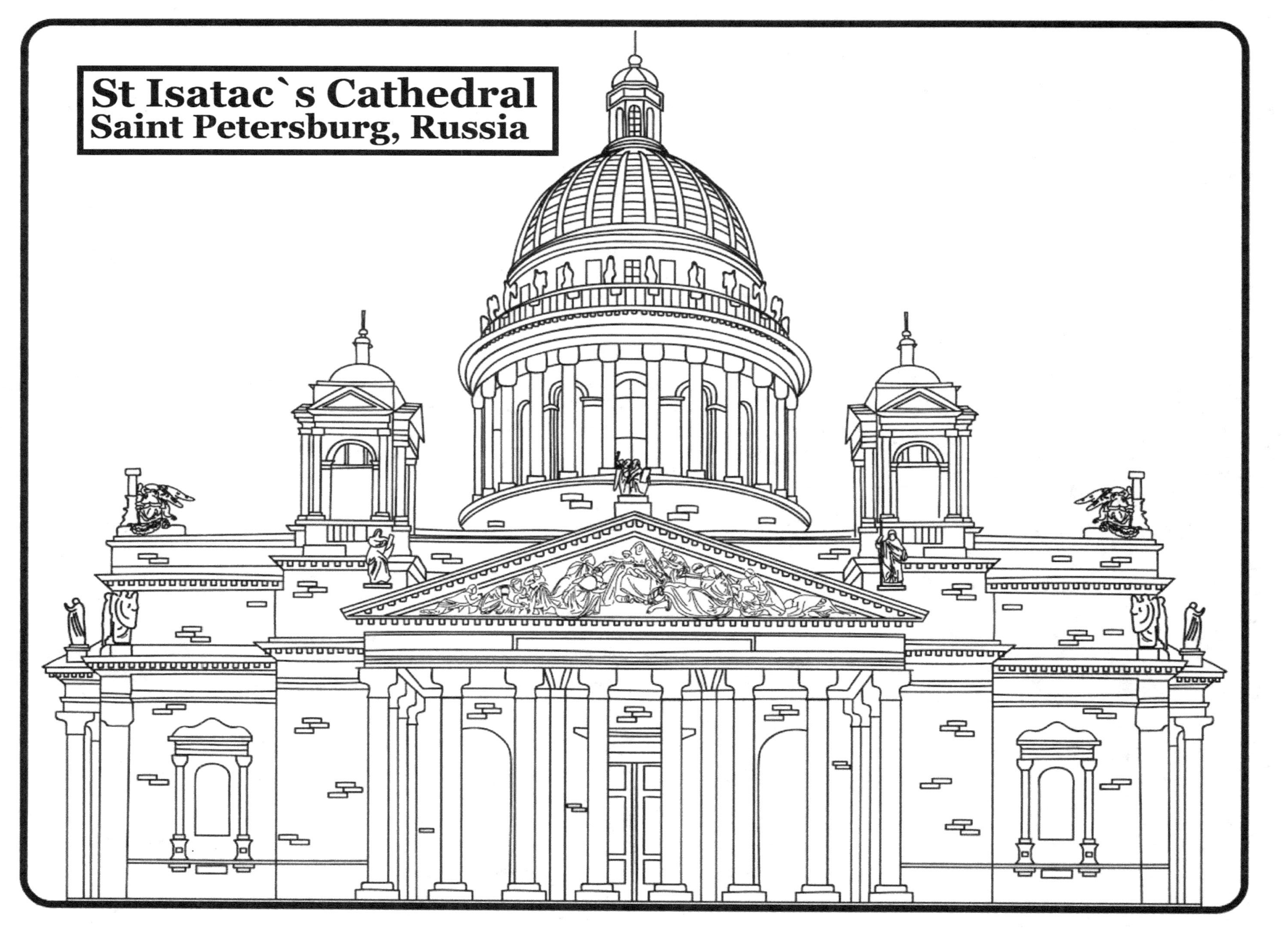

St Isatac`s Cathedral
Saint Petersburg, Russia

Red Square
Moscow, Russia

Plaza Mayor
Madrid, Spain

EIFFEL TOWER
Paris, France

Changdeok Palace
Seoul, South Korea

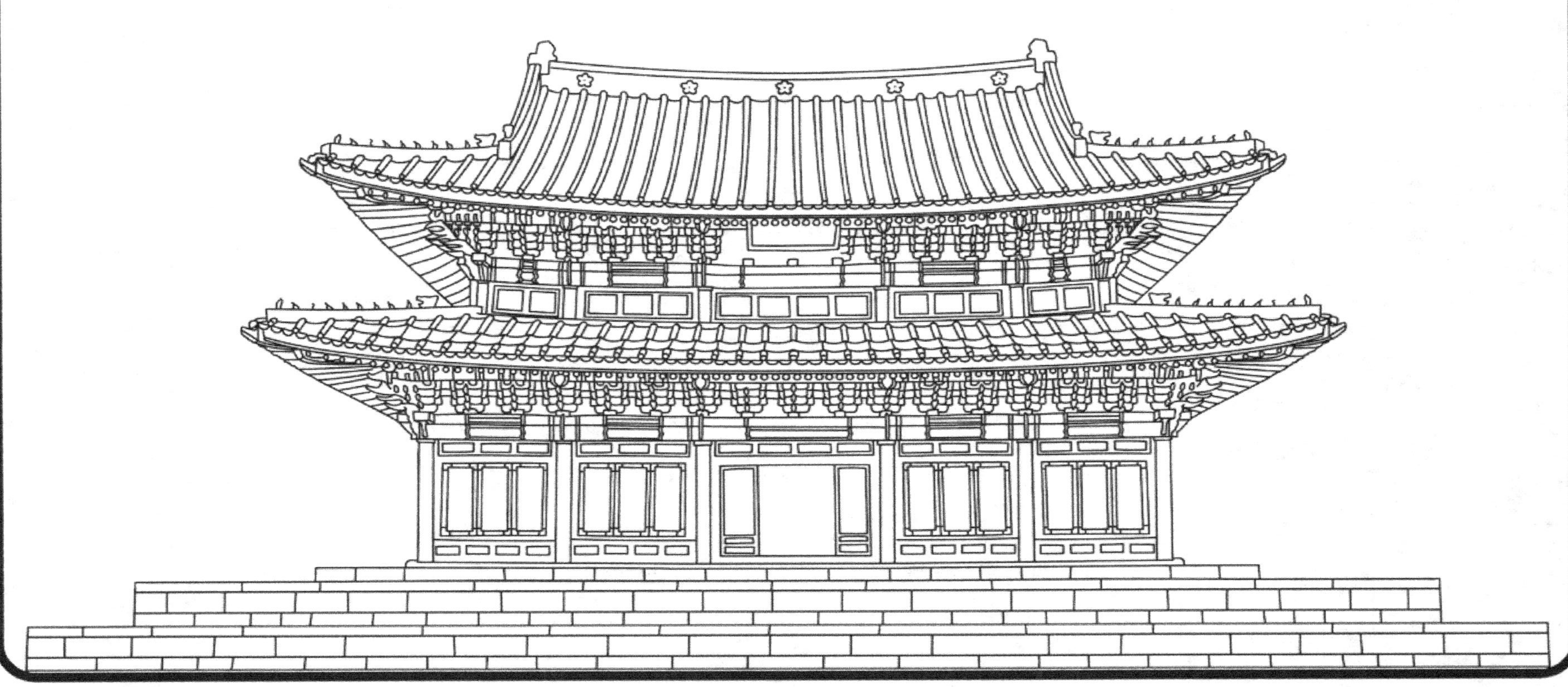

Patuxai
Vientiane, Laos

Sacré-Coeur
Paris, France

Gotic Quater
Barcelona, Spain

Wat Xieng Thong
Luang Prabang, Laos

Capitol Hill
Washington, D.C USA

Gwanghwamun Gate
Seoul, South Korea

Statue of Liberty
New York, USA

Christ the Redeemer Statue
Rio de Janeiro, Brazil

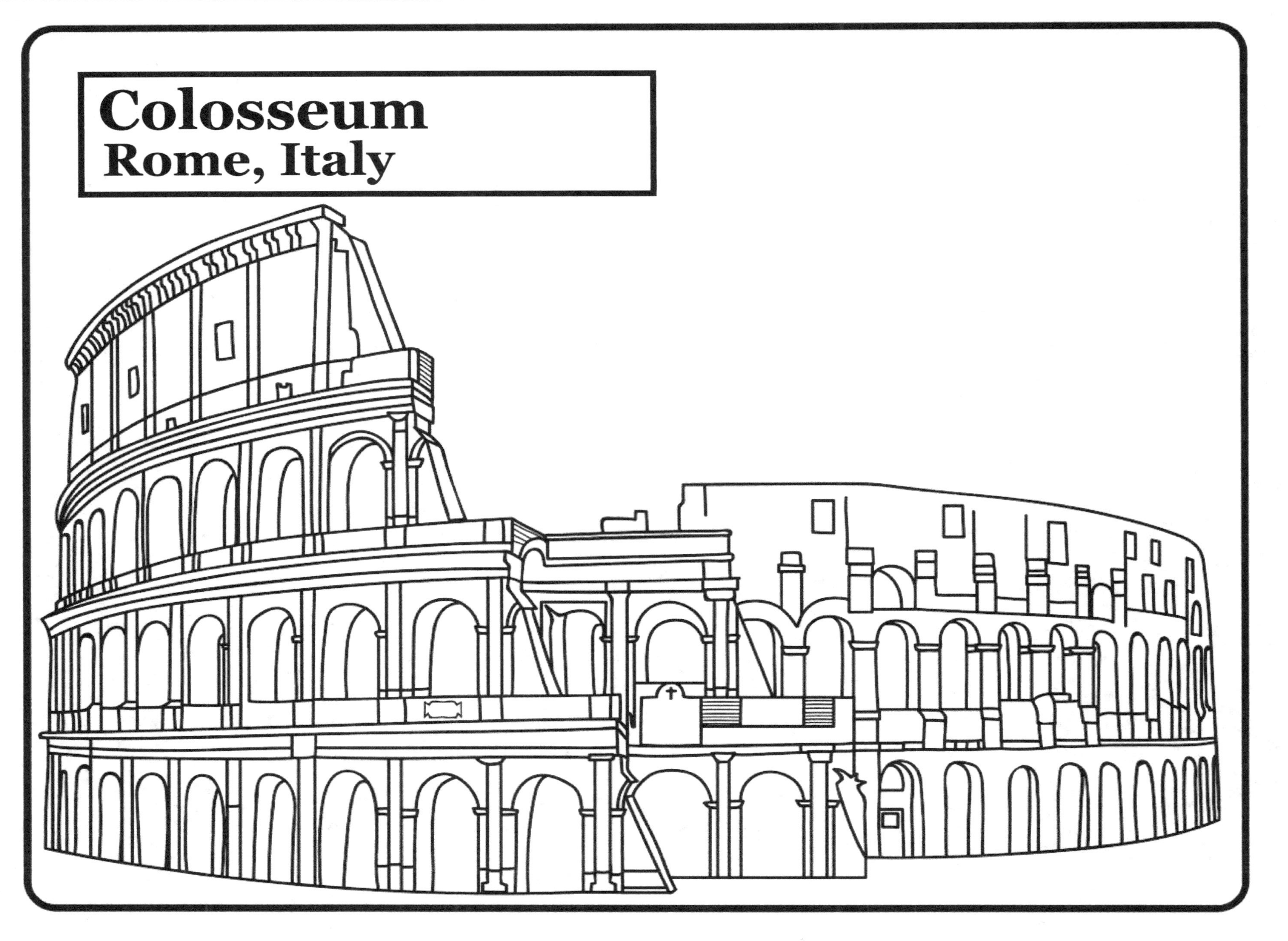

Colosseum
Rome, Italy

LEANING TOWER OF PISA
Pisa, Italy

Wat Benchamabophit Temple
Dusit District, Bangkok, Thailand

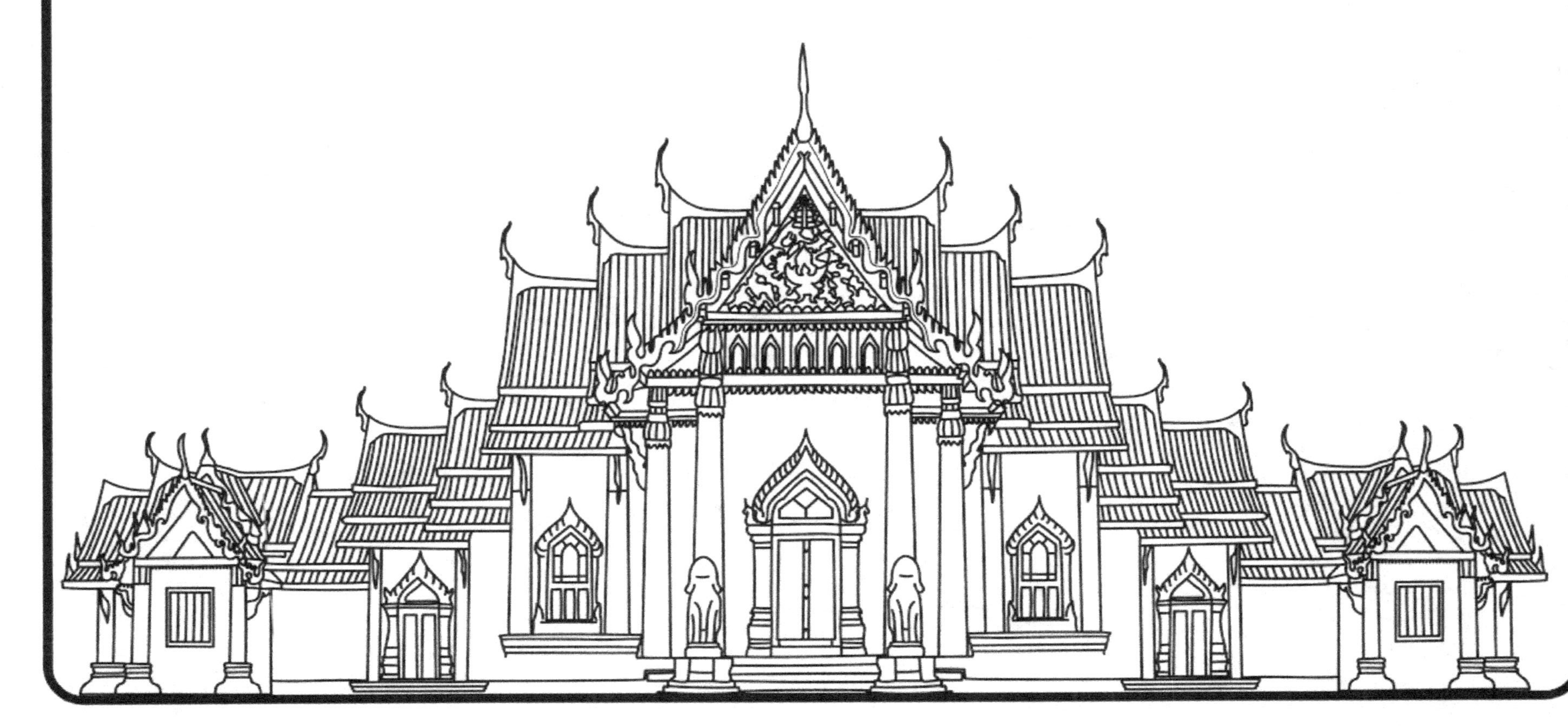

India Gate
New Delhi, India

Itmad ud Daulah
Uttar Pradesh, India

Big Ben
London, Unided Kingdom

Jama Masjid
Delhi, India

Saint Peters Basilica
Vatican

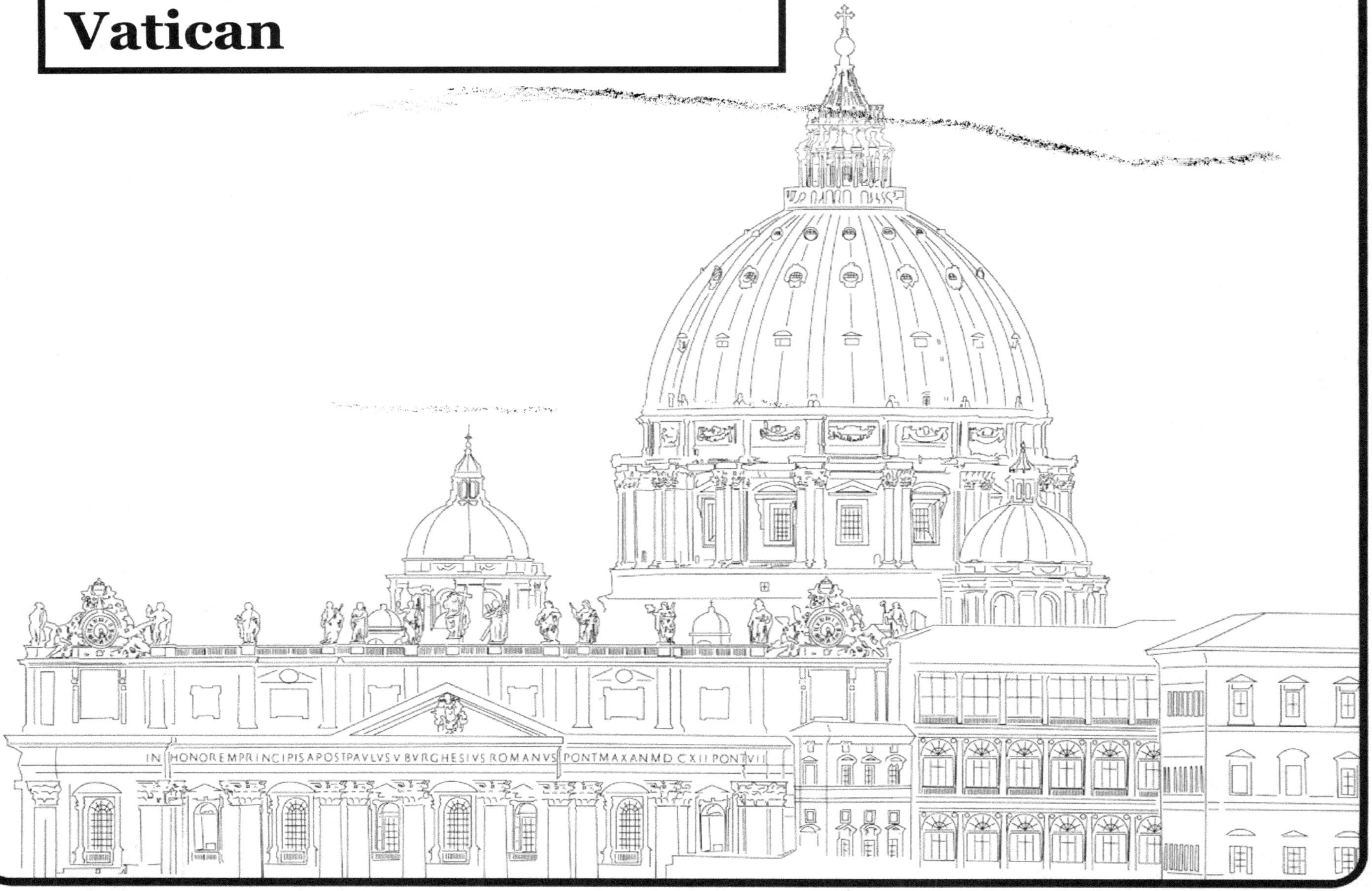

Merci d'avoir acheté ce livre

Si vous aimez le livre, pensez à laisser un commentaire,
cela aidera l'auteur à créer de meilleurs livres à l'avenir.

www.amazon.fr/Katrin-Stark

OU SCANNEZ AVEC LE CODE QR

www.ingramcontent.com/pod-product-compliance
Lightning Source LLC
Chambersburg PA
CBHW081229130726

47997CB00009B/2826